· ANIMAUX ILLUSTRÉS ·

Carcajou

Avis aux lecteurs : pour savoir comment prononcer les mots en inuktitut qui figurent dans ce livre et découvrir cette langue, visitez le www.tusaalanga.ca/fr.

Projet dirigé par Audrey Chapdelaine

Traduction : Olivier Bilodeau
Conception graphique et mise en pages : Fedoua El Koudri
Révision linguistique : Sabrina Raymond
Illustrations : Patricia Ann Lewis-MacDougall

Québec Amérique
7240, rue Saint-Hubert
Montréal (Québec) Canada H2R 2N1
Téléphone : 514 499-3000

Nous reconnaissons l'aide financière du gouvernement du Canada.

Nous remercions le Conseil des arts du Canada de son soutien.
We acknowledge the support of the Canada Council for the Arts.

Nous tenons également à remercier la SODEC pour son appui financier. Gouvernement du Québec – Programme de crédit d'impôt pour l'édition de livres – Gestion SODEC.

Catalogage avant publication de Bibliothèque et Archives nationales du Québec et Bibliothèque et Archives Canada

Titre : Carcajou / Allen Niptanatiak ; illustrations, Patricia Ann Lewis-MacDougall ; traduction, Olivier Bilodeau.
Autres titres : Wolverine. Français
Noms : Niptanatiak, Allen, auteur. | Lewis-MacDougall, Patricia Ann, illustrateur.
Description : Mention de collection : Animaux illustrés | Traduction de : Wolverine.
Identifiants : Canadiana (livre imprimé) 2022002880X | Canadiana (livre numérique) 20220028818 | ISBN 9782764449806 | ISBN 9782764449813 (PDF)
Vedettes-matière : RVM : Glouton (Mammifère)—Ouvrages pour la jeunesse. | RVMGF : Albums documentaires.
Classification : LCC QL737.C25 N5714 2023 | CDD j599.76/6—dc23

Dépôt légal, Bibliothèque et Archives nationales du Québec, 2023
Dépôt légal, Bibliothèque et Archives du Canada, 2023

Carcajou

Ce livre est dédié à Grace Niptanatiak, qui a chassé et
voyagé sur la terre et élevé notre famille avec autant
de passion et d'amour pour les animaux que pour nos
enfants. Tu vivras pour toujours dans nos cœurs.

· ANIMAUX ILLUSTRÉS ·

Carcajou

Par Allen Niptanatiak • Illustrations de
Patricia Ann Lewis-MacDougall

QuébecAmérique

Table des matières

Le carcajou

Le carcajou appartient à la famille des belettes, comme la mouffette, l'hermine, le blaireau et la loutre. C'est le plus gros animal terrestre de cette famille. Le carcajou ressemble à la mouffette, mais son corps est plus volumineux et ses pattes courtes et fortes sont munies de grosses griffes. Son large cou est très fort et musclé. Le pelage du carcajou est presque entièrement noir. Un anneau blanchâtre part de ses épaules, descend sur ses flancs et va jusqu'à sa queue. Cet anneau peut être parfaitement blanc ou brun. Le carcajou est réputé pour son musc, un liquide malodorant qu'il projette pour tenir les autres animaux à distance !

Un carcajou mâle pèse habituellement entre 13 et 18 kilogrammes, mais les plus gros spécimens peuvent atteindre 23 kilogrammes. La femelle est un peu plus petite avec un poids allant de 9 à 11 kilogrammes. Le mâle et la femelle peuvent devenir plus lourds s'ils mangent davantage, car le poids du carcajou varie en fonction de sa capacité à trouver de la nourriture.

Le mâle adulte est un animal principalement solitaire, ce qui signifie qu'il préfère vivre seul. Il arrive que les femelles adultes laissent leurs petits vivre auprès d'elles pendant leur première année, c'est-à-dire jusqu'à ce qu'ils soient en âge de se reproduire. Elles les chassent ensuite pour qu'ils trouvent leur propre territoire. La majorité des carcajous vivent loin des autres membres de leur espèce. Ils ne vivent rapprochés que lorsque la nourriture est abondante.

Apprenons-en davantage sur le carcajou !

Répartition et habitat

Le carcajou vit dans les régions les plus nordiques du globe. Au Nunavut, on le retrouve principalement dans la partie continentale du territoire. On le voit de plus en plus dans les zones arctiques situées plus au nord, mais cela demeure rare.

Chaque carcajou a un domaine vital, un territoire qu'il protège des autres carcajous et où il reste toute l'année pour chasser. Les mâles ont un très grand territoire sur lequel se trouve celui de quelques femelles, qui est donc plus petit. Le mâle protège également les femelles des autres carcajous.

Chaque carcajou marque son territoire d'une forte odeur semblable à celle de la mouffette.

Souvent plus nomades, les jeunes mâles sont nombreux dans les régions où les caribous migrent au sud pour hiverner, puis au nord où ils vont mettre bas. C'est dans ces régions que des prédateurs comme le loup et l'ours chassent le caribou, ce qui fait que le carcajou y trouve bon nombre de carcasses pour se nourrir.

Squelette

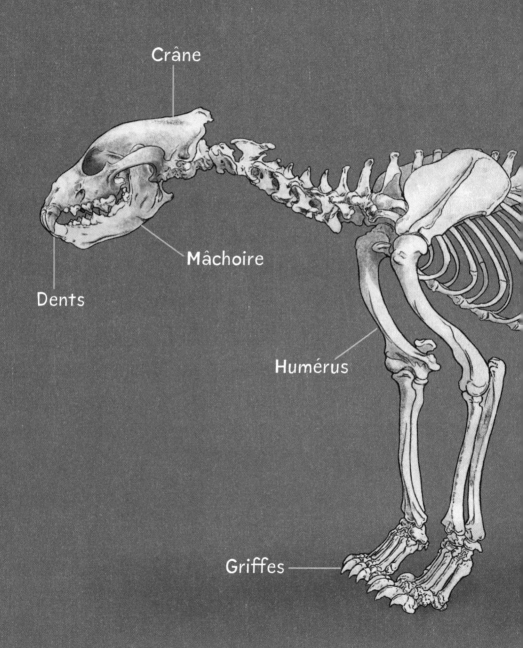

Crâne

Dents

Mâchoire

Humérus

Griffes

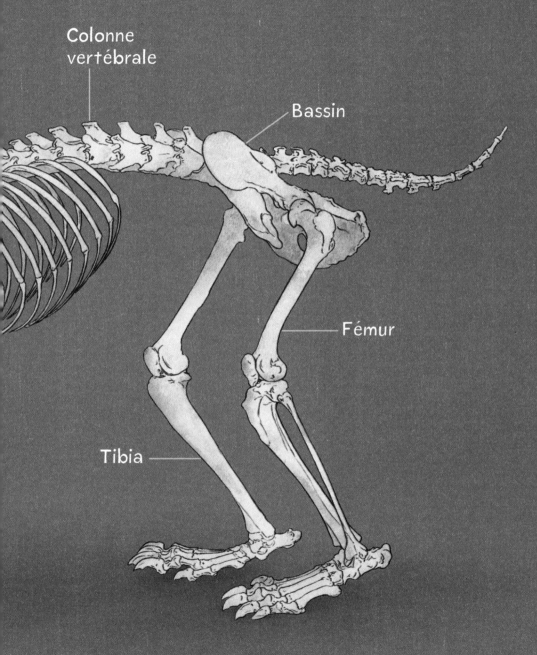

Colonne
vertébrale

Bassin

Fémur

Tibia

Alimentation

Le carcajou mange à peu près tout ce qu'il peut dénicher !
C'est un charognard, ce qui signifie qu'il se nourrit des
restes d'animaux chassés par d'autres prédateurs comme
le loup ou l'ours. On l'a néanmoins déjà vu chasser, et on
sait qu'il peut s'en prendre à des animaux bien plus gros
que lui comme le bœuf musqué, l'orignal et le caribou.

Bœuf musqué

Pendant les mois d'été, le carcajou se nourrit habituellement de plus petites proies comme des écureuils, des poissons, des canards et de jeunes oiseaux. Il mange aussi des œufs et des petits fruits. L'hiver, son alimentation se compose de caribous, de bœufs musqués, d'orignaux, de chevreuils, de renards, de lagopèdes alpins et de lapins.

Le carcajou sait également très bien chasser le phoque. Quand les autres sources de nourriture se font rares, on peut le voir vivre et chasser sur les glaces marines !

Lagopède
alpin

Adaptation de survie

Survivre dans l'Arctique n'est pas une chose facile, et le carcajou s'adapte de plusieurs façons particulières pour y arriver.

Le carcajou a deux types de fourrure. Sa fourrure extérieure est très longue et épaisse, tandis que la couche du dessous est plus courte et encore plus épaisse. Cela aide le carcajou à garder sa chaleur dans le froid hivernal.

Couches de
fourrure

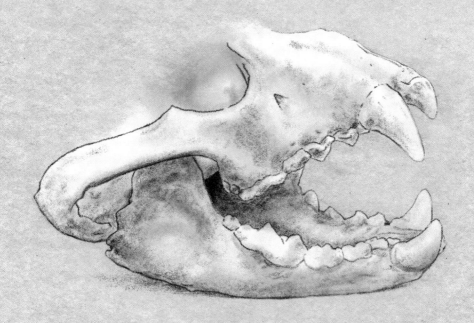

Mâchoire

Puisque la nourriture est parfois rare, le carcajou s'est adapté pour être en mesure de mastiquer et de digérer les os des autres animaux. Grâce à sa puissante mâchoire, il peut broyer les os et – contrairement aux autres animaux – son estomac est capable de les digérer. Le carcajou utilise les os comme source d'énergie et de calcium. Cela l'aide donc à survivre lorsqu'il ne trouve rien d'autre à manger.

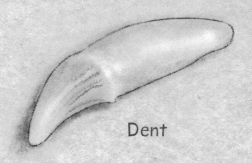

Dent

Petits

La femelle carcajou met bas au début du printemps dans une tanière creusée dans la neige et tapissée de feuilles et d'herbe. Elle construit cet abri dans un endroit où les prédateurs sont rares, comme près d'une falaise, parmi de gros saules ou dans un secteur boisé. La femelle carcajou a généralement un ou deux petits. Si la nourriture est particulièrement abondante, elle peut donner naissance à une portée de trois à cinq petits.

À la naissance, les petits sont aveugles et n'ont presque pas de fourrure. Pendant les quelques premiers mois de leur vie, ils sont entièrement blancs, et c'est en vieillissant qu'ils prennent leur couleur brun-noir.

Les petits du carcajou restent avec leur mère pendant un certain temps (parfois jusqu'à deux ans) en attendant de savoir chasser et survivre par eux-mêmes.

Un dur à cuire

Le carcajou n'a aucun prédateur dans l'Arctique, à part l'humain. Mais il lui arrive d'affronter d'autres animaux à l'occasion. Le carcajou est très habile pour voler de la nourriture et va même jusqu'à prendre celle des loups ou des ours s'il le faut. Il est réputé pour agacer les grizzlys jusqu'à ce que ceux-ci abandonnent leur prise. Le carcajou a de puissantes mâchoires capables de casser les os des jambes des caribous et des bœufs musqués. Il n'aurait donc aucune difficulté à briser les os d'un loup ou d'un autre prédateur.

Le carcajou a la réputation d'être agressif, mais il n'attaque pas les chasseurs humains. Quand un carcajou sent le danger, il court habituellement vers la sécurité que lui procurent les buttes et les vallées rocheuses.

Adaptation de chasse

Le carcajou a tout ce qu'il faut pour vivre dans l'Arctique et il s'est adapté de plusieurs façons particulières qui en font un excellent chasseur.

Ses grosses pattes lui permettent de marcher comme s'il portait des raquettes, ce qui l'aide à se déplacer et à chasser beaucoup plus facilement sur la neige molle. Elles sont aussi très fortes et munies de grosses griffes qu'il utilise pour enterrer sa nourriture, construire des tanières et se défendre contre d'autres animaux.

Le carcajou est aussi très fort et musclé. Il est capable de transporter des morceaux de viande beaucoup plus lourds que lui. Ses pattes courtes et musclées l'aident à transporter un poids considérable de nourriture qu'il conserve dans sa tanière pour plus tard. Et quand le carcajou a de la nourriture à conserver, il l'asperge de son musc nauséabond pour empêcher les autres animaux de la trouver!

Patte

Faits amusants

Le carcajou grimpe dans les arbres avec une grande facilité ! On en a déjà vu perchés très haut dans des arbres en attendant que le danger passe.

Contrairement au loup et au chien, le carcajou ne sait pas japper ou hurler. Pour communiquer, il émet des grognements ou fait bruyamment claquer sa mâchoire.

À cause du musc nauséabond du carcajou, les anglophones l'appellent parfois l'« ours-mouffette » !

Bordure de parka en carcajou

La fourrure de carcajou a toujours eu une grande valeur et été très prisée. Elle était utilisée pour faire des mitaines ou orner les parkas. Elle ne s'use pas aussi rapidement que les autres fourrures et, puisque la glace n'y adhère pas, on peut la nettoyer du revers de la main.

Il y a très longtemps, les Inuits mangeaient la viande du carcajou, mais cela ne se fait plus depuis de nombreuses années.

Mitaines en carcajou

Allen Niptanatiak est un chasseur-trappeur de Kugluktuk, au Nunavut.

Patricia Ann Lewis-MacDougall est née et a grandi dans la péninsule du Niagara. Elle a passé son enfance dans l'environnement forestier du sentier Bruce, en Ontario. Après son secondaire, Patricia Ann est entrée au Collège Sheridan dans les années 1980 pour y étudier l'animation et a plus tard fait des études en illustration. Elle a travaillé pendant un certain nombre d'années comme scénarimagiste chez Nelvana. Patricia Ann a illustré plusieurs livres pour enfants.

Dans la même série :

Baleine boréale

Bœuf musqué

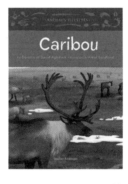

Caribou

Loup arctique

Morse

Narval

Ours polaire

Phoque annelé

Carcajou a été achevé d'imprimer en mars 2023
sur les presses de l'imprimerie Transcontinental, au Québec, Canada,
pour le compte des Éditions Québec Amérique.